DISCOURS

PRONONCÉ A LA BARRE

DE L'ASSEMBLÉE NATIONALE

PAR M. ROUSTAN,

Député extraordinaire de l'Assemblée générale de la partie Françoise de Saint-Domingue.

A L'ASSEMBLÉE NATIONALE.

MONSIEUR LE PRÉSIDENT ET MESSIEURS,

L'Assemblée Nationale a entendu, dans sa séance du 7 de ce mois, la lecture qui lui a été faite par un de ses membres, d'un journal connu sous le nom de *Correspondance patriotique*, dont les auteurs sont plusieurs membres de l'Assemblée constituante, et dont la rédaction est confiée à M. Dupont de Nemours; le fait contenu dans ce paragraphe, a paru si important à M. Daverhoult, qu'il a prié l'Assemblée Nationale de demander, séance tenante, au ministre de la marine, des éclaircissemens qui doivent jetter un très-grand jour sur la conduite de l'Assemblée générale de la partie française de St.-Domingue, et sur ses vues.

J'étois présent à cette lecture, et comme il s'agissoit de la mission que j'ai remplie à la Nouvelle-Angleterre en qualité de commissaire de l'Assemblée générale, j'ai eu l'honneur d'écrire de suite à M. le président de l'Assemblée Nationale, que je demandois la permission d'être introduit sur-le-champ à la barre, pour lui donner tous les renseignemens qu'elle exigeroit. La discussion sur les mesures provisoires relatives aux Colonies, qui a terminé la séance, n'a pas permis à M. le président d'occuper l'Assemblée Nationale de cet objet, sur lequel elle avoit déja prononcé que le ministre s'expliqueroit.

Ce fait important, et qui doit effectivement jeter un très-grand jour sur la conduite de l'Assemblée générale, est rapporté dans le journal de Correspondance patriotique, en ces termes :

De Philadelphie, le 10 octobre.

« M. Roustan est arrivé ici chargé de lettres de l'Assemblée coloniale de St.-Domingue et de M. Blanchelande, adressées directement au Congrès et aux Etats de Pensylvanie : il comptoit suivre directement la négociation au nom de la Colonie : il avoit pris le titre public de député de la Colonie, et avoit montré des pleins pouvoirs pour traiter en cette qualité avec le Congrès et les états particuliers.

M. de Ternan, ministre de France, connu par son patriotisme, son attachement à la constitution, et sa fermeté en affaires, a rappelé à M. de Roustan que la colonie de Saint-Domingue étoit une province de France et non un état indépendant. M. Roustan s'est excusé, en disant qu'on ignoroit à Saint-Domingue qu'il y eût un ministre de France près des

États-Unis ; mais cependant M. de Ternan avoit déja reçu plusieurs lettres de M. Blanchelande, qui sont aux archives de la légation.

M. de Ternan a exigé que M. Roustan y fît le dépôt de toutes les pièces dont il étoit porteur. Il n'a pas moins mis d'activité à procurer les secours dont on avoit besoin, que de sagesse à empêcher la Colonie de traiter sans le concours de la mère-patrie. »

Il paroîtroit, d'après le compte que M. Dupont fils, secrétaire de M. de Ternan, a rendu à M. Dupont son père, que l'Assemblée générale m'a envoyé à la Nouvelle-Angleterre, comme ambassadeur, pour traiter directement avec cette puissance des intérêts politiques de la Colonie ; et de cette démarche adroitement présentée par M. Dupont père, bien connu pour un ami des noirs, et par conséquent ennemi des Colons blancs, il en résulteroit, selon lui et ses adhérens, la preuve du reproche sur lequel nos accusateurs reviennent sans cesse, que nous avons voulu nous rendre indépendans.

Je pense comme M. Dupont, que de toutes les imputations par lesquelles nos ennemis ont cherché jusqu'à présent à nous faire un crime de cette indépendance chimérique, la moins absurde peut-être, est l'envoi d'un ambassadeur, d'un ministre plénipotentiaire, chargé de négocier un traité politique avec une puissance étrangère, comme on suppose que j'ai voulu le faire à la Nouvelle-Angleterre. Eh bien ! Messieurs, si je prouve, jusqu'à l'évidence, que cette démarche que les ennemis de la Colonie qualifient d'ambassade, au lieu d'être interprétée contre l'Assemblée générale, est au contraire une preuve de son attachement à la mère-patrie ; si je prouve que cette nouvelle dénonciation est, comme celles qui vous sont faites tous les jours, une calomnie révoltante, l'Assemblée Nationale souffrira-t-elle encore que nous soyons plus long-temps la victime des coupables efforts des ennemis de la Colonie et de la France?

L'Assemblée générale, après s'être constituée à Léogane, avoit fixé le lieu de ses séances au Cap, et s'étoit ajournée au 25 août, la majeure partie des membres étoit déja rendue dans cette ville dès le 23, époque à laquelle la révolte des noirs s'annonça d'une manière si effrayante. La rapidité avec laquelle ces scélérats portoient par-tout le feu et la mort, décida les députés à se former en comité général, pour délibérer sur le parti à prendre dans une circonstance qui devenoit à chaque instant plus embarrassante. Recourir à toutes les puissances voisines, intéressées comme nous à la conservation de leurs Colonies, parut un moyen suffisant; et de suite il fut fait une proclamation, de laquelle on chargea des commissaires pris dans l'Assemblée; le choix pour les États-Unis tomba sur moi, et je fis voile du Cap le 26 août.

Il est nécessaire que j'aie l'honneur de donner lecture à l'Assemblée nationale de la proclamation de l'Assemblée générale, de sa lettre au président des États-Unis, et de celle de M. de Blanchelande, lieutenant au gouvernement de St.-Domingue, que M. Dupont appelle des pleins pouvoirs, pour traiter sans le concours de la mère-patrie.

Extrait des registres de l'Assemblée générale de la partie Françoise de Saint-Domingue, séante à Léogane.

Séance du 9 août 1791, après midi.

L'Assemblée, constituée purement et simplement, après avoir, dans les séances des 5, 6 et 8 de ce mois, discuté les bases constitutionnelles, a arrêté et arrête à la majorité de soixante-sept voix contre quarante-six, qu'elle se constitue légalement, en vertu des pouvoirs de ses commettans, Assemblée générale de la partie Françoise de St.-Domingue.

L'Assemblée ainsi constituée, ne voulant laisser aucun doute sur la pureté de ses intentions et de ses principes, jusqu'à ce qu'elle ait pu les manifester plus formellement, en s'occupant de la constitution de Saint-Domingue; déclare que Saint-Domingue étant portion de l'Empire François, elle reconnoît qu'à l'Assemblée nationale seule appartient irrévocablement de prononcer sur les rapports politiques et commerciaux qui unissent Saint-Domingue à la France, d'après les plans qui seront présentés par l'Assemblée générale.

Déclare en outre, qu'elle met sous sa sauve-garde et sous celle de la loyauté des citoyens, les créances tant des négocians de France, que de cette isle, qu'elle maintiendra l'observation des lois qui en assurent le paiement dans toute leur vigueur, et qu'elle provoquera, à cet effet, toute l'influence de l'opinion et de la force publique : invite tous les citoyens, en se pénétrant du serment d'union qu'ils doivent prêter, à se prémunir contre toutes les impressions défavorables qu'on pourroit leur donner, et à n'ajouter foi qu'aux actes émanés de l'Assemblée et authentiquement certifiés par elle.

Et sera le présent adressé à M. le lieutenant-général au gouvernement, à toutes les assemblées provinciales, aux paroisses, municipalités, comités, et à tous les corps de justice et de police. *Signés*, P. DE CADUSCH, président de l'Asssemblée générale de la partie Françoise de Saint-Domingue, MILLET, LUX, PETIT DES CHAMPEAUX, secrétaires.

Pour copie conforme à l'original déposé aux archives de la légation de France à Philadelphie.

TERNAN.

Extrait des registres de l'Assemblée générale de la partie Françoise de Saint-Domingue, réunie au Cap.

Séance du 24 août 1791.

LA partie Françoise de St.-Domingue se trouve dans le plus grand danger ; les ateliers sont en insurrection ; les habitations sont incendiées ; les blancs qui veilloient à leur administration sont égorgés ; ceux qui sont échappés au fer des assassins, sont obligés de rentrer dans les villes et d'abandonner leurs propriétés. Dans cette crise affreuse,

L'Assemblée générale de la partie Françoise de Saint-Domingue, réunie avec M. le gouverneur général,

Considérant que l'attroupement des nègres augmente chaque

jour, et que bientôt les habitans seront dans l'impossibilité de se défendre dans le sein même de leurs villes;

Considérant que le fléau qui dévore la plus importante des possessions Françoises en Amérique, menace toutes les Colonies qui l'avoisinent, si elles ne se réunissent pas pour le détruire dans sa source,

Arrête que toutes les puissances voisines seront instamment invitées, au nom de l'humanité et de leur intérêt respectif, à donner à la partie Françoise de Saint-Domingue en danger, un secours prompt et fraternel, et à lui envoyer avec la plus grande célérité des troupes de lignes et des munitions de guerre et de bouche, qui la mettent en état d'arrêter les progrès d'un mal qui ne finiroit que par l'anéantissement total des îles de l'Amérique.

Arrête en outre que M. le Gouverneur général sera invité de joindre à la présente une adresse particulière aux mêmes puissances voisines, pour solliciter leurs secours. *Signés*, DE CADUSCH, président de l'Assemblée générale de la partie Françoise de Saint-Domingue; MILLET, LUX, PETIT DES CHAMPEAUX, secrétaires. Revêtu du sceau de l'Assemblée.

Pour copie conforme à l'original déposé aux archives de la légation de France à Philadelphie.

TERNAN.

Extrait des registres de l'Assemblée générale de la partie Françoise de Saint-Domingue.

De la séance du 24 août 1791 à été extrait ce qui suit :

L'ASSEMBLÉE ayant arrêté l'envoi d'un de ses Membres en qualité de commissaire auprès des honorables membres composans le Congrès des États-Unis de l'Amérique du nord,

Elle s'est occupée de sa nomination, et a fait choix de M. Roustan, lequel a accepté et prêté serment de bien fidèlement remplir la mission qui lui est confiée, et à raison de ce, reçoit tous pouvoirs relatifs à cette mission.

M. Faures, négociant, s'est offert pour interprète. L'Assemblée ayant adopté sa proposition, il a prêté le serment de fidèlement remplir les devoirs de sa charge.

Fait en séance le 24 août 1791. *Signés*, P. DE CADUSCH, président de l'Assemblée générale de la partie Françoise de Saint-Domingue ; MILLET, LUX, PETIT DES CHAMPEAUX, secrétaires. Revêtu du sceau de l'Assemblée.

Pour copie conforme à l'original déposé aux archives de la légation de France à Philadelphie.

TERNAN.

Copie

Copie d'une Lettre écrite par M. Blanchelande à M. le Président du Congrès des États-Unis.

Au Cap, le 24 août 1791.

MONSIEUR,

J'AI l'honneur d'informer votre excellence que la partie Françoise de Saint-Domingue est dans le plus grand danger. Les ateliers y sont dans une insurrection complette; ils y égorgent leurs maîtres et les autres blancs qui tombent sous leurs mains; ils incendient les habitations; et la plaine du nord, au moment où je vous écris, est en flammes. Les troupes de ligne, réunies aux troupes patriotiques, ont fait des sorties sur ces ateliers, et ont même tué un certain nombre de nègres; mais ces succès ne les déconcertent pas; ils fuient, et à mesure leur parti grossit, et il porte la mort et le feu par-tout où il passe.

Nos moyens sont trop foibles pour pouvoir les arrêter dans leur fuite, ni les cerner; ce n'est donc qu'avec une force supérieure à celle dont nous sommes possesseurs, que nous serions dans le cas de les réduire, et les faire rentrer dans leur devoir. Pour cet effet, je prends la liberté de m'adresser avec confiance à votre excellence, et de lui demander des secours. Les besoins sont urgens; et si elle daigne se rendre à mes vœux, la nation françoise lui devra le salut de Saint-Domingue, et sa reconnoissance sera infinie.

L'Assemblée générale de la partie Françoise de Saint-Domingue invite pareillement votre excellence à venir au secours de la Colonie. J'ose espérer qu'elle voudra bien accueillir nos demandes, et nous envoyer tout celui dont elle pourra disposer. Je ne m'étendrai pas en vains raisonnemens ; M. le commissaire de l'Assemblée qu'elle lui députe, lui fera connoître mieux que je ne saurois l'exposer les dangers de cette insurrection, qui vous donnera une idée de notre situation, des secours qui nous sont nécessaires, et combien il est important que nous les recevions promptement.

La nation Angloise a constamment été généreuse et magnanime ; je suis persuadé qu'elle ne se démentira point dans cette occasion, et qu'elle en donnera un preuve non équivoque aux François, qui à leur tour seroient enchantés de pouvoir la convaincre d'une réciprocité de sentimens, si malheureusement des circonstances aussi affligeantes désoloient jamais leurs Colonies.

En mon particulier, je serois bien charmé de pouvoir faire des choses qui seroient utiles et agréables à votre excellence.

Permettez-moi de demander les bontés de votre excellence en faveur de M. de Roustan, dont le choix qu'a fait de lui l'Assemblée générale de la partie Françoise de Saint-Domingue ne laisse aucun doute sur son mérite.

J'ai l'honneur d'être, avec une haute estime et une parfaite considération, etc. *Signé*, BLANCHELANDE.

Pour copie conforme à l'original déposé aux archives de la légation de France à Philadelphie.

TERNANT.

A l'honorable Président des États-Unis de la Caroline du Sud.

Au Cap, le 24 août 1791.

TRÈS-HONORABLE PRÉSIDENT,

Les maux de Saint-Domingue sont à leur comble; bientôt cette superbe contrée ne sera plus qu'un monceau de cendres. Déja les planteurs ont baigné de leur sang la terre que leur sueur avoit fertilisée; le feu consume en ce moment les productions qui faisoient la splendeur de l'empire François. Des principes destructeurs de nos propriétés ont porté chez nous la flamme et armé le bras de nos propres esclaves; la philosophie, qui fait la consolation des hommes, porte chez nous le désespoir.

Dans ces momens de désolation, nous avons promené nos regards sur tout ce qui nous environne; nous avons trouvé quelque consolation en songeant aux rapports qui subsistent entre les États-Unis de l'Amérique et nous. Nous avons alors résolu de solliciter de vous des secours, et comptant sur votre attachement, l'Assemblée générale de la partie Françoise de Saint-Domingue n'a pas balancé de députer vers vous pour vous engager à donner à cet infortuné pays des secours prompts, consistant en troupes et munitions de guerre et de bouche; car la famine désoleroit bientôt cette contrée, et vous n'auriez sauvé les habitans du fer que pour les voir succomber à la faim.

L'Assemblée générale a donc choisi pour vous présenter sa demande, M. Roustan, un de ses membres.

Il vous remettra cette lettre de créance, avec l'arrêté qui le nomme, et la proclamation faite pour solliciter des secours de toutes les puissances nos voisines.

Il vous remettra aussi un acte de notre constitution, qui constate notre caractère légal de représentans du peuple de la partie Françoise de Saint-Domingue.

J'ai l'honneur d'être avec un cordial et fraternel attachement, etc. *Signé*, DE CADUSCH, président de l'Assemblée.

Pour copie conforme à l'original déposé aux archives de la légation de France à Philadelphie.

TERNAN.

Vous voyez, Messieurs, que l'Assemblée générale, en écrivant au président des États-Unis qu'elle m'avoit nommé son Commissaire *ad hoc* pour réclamer les secours que les circonstances exigeoient, annonçoit en même-temps que je lui remettrois l'acte de constitution de l'Assemblée. Or, que porte cet acte? vous venez de l'entendre; c'est que l'Assemblée ne voulant laisser aucun doute sur la pureté de ses intentions, déclare que Saint-Domingue fait partie de l'empire François.

Arrivé à New-Yorck, je m'y reposai douze heures avant de me rendre à Philadelphie, où le Congrès réside. Ma seule visite fut chez le Consul de France, (M. de Laforêt). Ce digne et estimable compatriote me donna des avis sur la manière de remplir ma mission, et je réclamerai son témoignage pour constater si je ne lui ai pas déclaré que je me conformerois à ses conseils, pourvu que je pusse obtenir très-promptement les secours que j'étois venu réclamer. Je l'engageai instamment de vouloir bien faire le voyage de Philadelphie, pour me diriger dans mes démarches, et il s'y détermina on ne peut plus généreusement, même en sacrifiant ses affaires personnelles, qui demandoient sa présence à New-Yorck.

Rendu à Philadelphie le 20 septembre à 10 heures du soir, mon premier soin fut d'écrire à M. de Ternan, ministre plénipotentiaire de France, dont M. de Laforêt m'avoit appris l'arrivée.

Pénétré de la nécessité d'apporter les plus prompts secours aux maux de Saint-Domingue, M. de Ternan me fit dire, par M. de Laforêt, qu'il m'engageoit de me rendre chez lui de suite. Il trouva facilement l'excuse de ce que ma mission avoit d'irrégulier. dans le trouble et l'agitation où le premier moment de la révolte avoit jeté les esprits. Au surplus, bien convaincu que cette irrégularité de forme ne pouvoit nuire à l'objet de ma mission, mais seulement la retarder, il me proposa d'attendre la rentrée du Congrès, fixée au 2 novembre, pour m'adresser directement au Corps législatif. L'intérêt de la Colonie, et l'humanité, me faisoient un devoir de saisir tous les moyens qui pouvoient accélérer le départ des secours, aussi je ne balançai pas de m'en rapporter à ce qu'il me prescrivit. Toutes les démarches auprès des Ministres du Congrès pour avoir des armes et des munitions de guerre et de bouche, furent faites par lui seul;

c'est lui seul qui a touché les sommes que le Ministre du Congrès a fournies ; c'est lui seul qui les a employées, d'après un état que j'ai signé, en ma qualité de Commissaire de l'Assemblée générale, état qui a été fait dans son cabinet et sous sa dictée. La copie de ma première lettre à l'Assemblée générale, que j'offre de déposer sur le bureau de l'Assemblée nationale, pour qu'on puisse la comparer avec l'original, contient la preuve de tous ces faits. Celle que j'ai écrite à M. de Blanchelande, lui dit expressément que désormais il pouvoit s'adresser pour toutes les demandes ultérieures à M. de Ternan. Je dois ajouter que la seule visite que j'ai faite aux Ministres du Congrès, a été de l'aveu et accompagné de M. de Ternan.

Quelques jours après les premiers envois, j'appris par un capitaine parti du cap le 15 septembre, qu'il avoit été impossible à la Colonie d'expédier un seul bâtiment pour la France; j'appris en même-temps et le refus des Espagnols, et la réponse du gouverneur de la Jamaïque. Je vis la Colonie de Saint-Domingue privée absolument de tous les secours sur lesquels elle comptoit pour arrêter la révolte, puisque le congrès n'avoit point de troupes de ligne. Ma présence n'étant plus absolument nécessaire à Philadelphie, d'après la marche convenue et arrêtée avec M. de Ternan, et dans l'espoir de faire une courte traversée, je me décidai à m'embarquer sur un navire qui partoit pour Bordeaux, le lendemain des nouvelles venues du cap, afin de solliciter, comme Colon et comme François, de l'Assemblée nationale un envoi de forces suffisantes pour empêcher la ruine totale de la Colonie.

Les vents ont contrarié mon attente; je n'ai pu débarquer

à la Rochelle qu'après quarante-six jours de navigation, et je me suis rendu en cette ville, où j'ai trouvé six Commissaires de l'Assemblée générale, arrivés deux jours avant moi. Notre mission ayant le même objet, est devenue commune. J'ai eu l'honneur d'être admis avec eux à la séance de l'Assemblée nationale du 30 novembre dernier, et j'ai partagé les sentimens de reconnoissance que nous a inspirés la réponse de M. le président au récit de nos malheurs, et l'intérêt que l'Assemblée nationale a paru y prendre. Après avoir donné des éloges à notre courage et à notre patriotisme, elle nous a promis, ce que nous avions droit d'attendre, justice, protection et secours. Nous comptons sur sa promesse formelle, parce que, nous le répétons, la foi honore les nations; mais combien la route, pour parvenir à obtenir justice, est pénible et douloureuse pour nous!

Nos ennemis, que nous avons dénoncés à la nation et à l'univers comme les seuls auteurs de tous nos maux, sont autorisés à exhaler leur rage et leur fiel contre nous. A la veille de se voir démasqués, ils cherchent à éloigner le moment qui mettra fin à leur trame odieuse et contre la Colonie et contre l'Etat, et qui doit leur faire subir la peine due à leurs forfaits. Dans le nombre des moyens iniques que leur cruelle perversité met en usage, la calomnie sur-tout tient le premier rang, et nous en trouvons la preuve convaincante dans le paragraphe du journal de M. Dupont, qu'on regarde comme contenant un fait très-important, et capable de jeter un très-grand jour sur les vues de l'Assemblée générale, c'est-à-dire, pour parler le langage de nos détracteurs, de prouver qu'elle a voulu se rendre indépendante.

M. Dupont dit dans son journal, « que M. Roustan est arrivé

à Philadelphie chargé de lettres de l'Assemblée coloniale de Saint-Domingue et de M. Blanchelande, adressées directement au Congrès et aux Etats de Pensilvanie; que je comptois suivre directement la négociation au nom de la Colonie ; que j'ai pris le titre public de député de la Colonie, et que j'avois montré des pleins pouvoirs pour traiter en cette qualité avec le Congrès et les Etats particuliers.

M. de Ternan, ministre de France, connu par son patriotisme, son attachement à la constitution et sa fermeté en ses affaires, m'a rappelé, dit-on, que la Colonie de Saint-Domingue étoit une province de France, et non un état indépendant. Je me suis excusé, en disant qu'on ignoroit à Saint-Domingue qu'il y eût un ministre de France près des État-Unis; mais que cependant M. de Ternan avoit déja reçu plusieurs lettres de M. Blanchelande, qui sont aux archives de la légation.

M. de Ternan, continue toujours M. Dupont, a exigé que je fisse le dépôt de toutes les pièces dont j'étois porteur. Il n'a pas moins mis d'activité à procurer les secours dont on avoit besoin, que de sagesse à empêcher la Colonie de traiter sans le concours de la mère-patrie. »

Tous ces faits, excepté mon arrivée à Philadelphie, sont faux; et encore dans la manière d'annoncer mon arrivée se trouve une omission volontaire, et par cela même d'une perfidie bien digne de certains amis des noirs; c'est que j'étois accompagné du premier agent de la nation françoise, que j'avois trouvé sur ma route, auquel non-seulement je m'étois adressé, mais que j'avois prié de faire le voyage avec moi. Tous ces faits sont contradictoires avec les dépêches de M. de Ternan, qui trouvant ma mission irrégulière dans la forme, a néanmoins rendu un compte absolument différent de celui de M. Dupont. Lisons la réponse du ministre des affaires étrangères à M. le président de l'Assemblée nationale.

» M. Ternan annonce qu'il fut informé, le 20 septembre, qu'il étoit arrivé un commissaire de la Colonie de St.-Domingue pour réclamer des secours des États-Unis ; que le vice-consul-général, frappé de l'irrégularité de cette mission, dans un pays où il y avoit un ministre de France accrédité, l'avoit engagé à ne faire aucun usage de ses lettres de créance, et à solliciter le ministère de M. Ternan. M. Ternan chargea le vice-général-consul d'engager M. Roustan (c'est le nom du commissaire) à lui communiquer, sans délai, les pièces dont il étoit porteur. M. Ternan reçut le lendemain une lettre de M. Roustan, en date du 21 septembre, par laquelle, après avoir exposé la situation de la Colonie, il dit que l'Assemblée générale constituée conformément aux décrets, et réunie au gouverneur général, avoit cru qu'il étoit important de recourir aux puissances voisines ; qu'elle avoit en conséquence choisi des commissaires auxquels elle avoit donné, conjointement avec le gouverneur, le pouvoir de déclarer leur mission, et que le choix pour les État-Unis étoit tombé sur lui ; qu'à son départ de Saint-Domingue, le 26 août, tant l'Assemblée générale que le gouverneur, ignoroient absolument qu'il y eût dans le continent un représentant de la nation françoise ; qu'ils n'auroient pas hésité un moment, s'ils l'avoient su, de s'adresser à l'ambassadeur de sa majesté ; qu'il ne l'avoit appris qu'à son arrivée dans cet état ; et il prie M. Ternan de lui indiquer l'heure à laquelle il pourroit le recevoir.

M. Roustan vint aussitôt communiquer à M. Ternan les

originaux de sa commission, et les lettres dont il étoit chargé pour le président du Congrès et pour les Etats de la Caroline du sud. En parcourant ces pièces, M. Ternan y trouva plusieurs expressions qui donnoient l'air à l'Assemblée coloniale de traiter avec les États-Unis de souverain à souverain. On y parloit de rapports qui subsistoient depuis long-temps entre les États-Unis et Saint-Domingue, de leur attachement fraternel, et des lettres de créance dont le sieur Roustan étoit muni. M. de Ternan fit sentir au sieur Roustan que ces pièces ne pouvoient être présentées; il n'eut pas de peine non-seulement à l'engager de n'en pas faire usage, mais à les déposer aux archives de la légation, et attendre de M. Ternan seul les secours que lui, M. de Roustan, étoit chargé de demander aux États-Unis. M. de Ternan dit d'ailleurs, dans la même dépêche, qu'en effet M. de Roustan a pris publiquement le titre de député de la Colonie de Saint-Domingue près des États-Unis ».

Signé, DELESSART.

Mais par qui M. de Ternan fut-il informé qu'il étoit arrivé un commissaire de la Colonie de Saint-Domingue pour réclamer des secours? comment le vice-consul-général avoit-il été frappé de l'irrégularité de ma mission? comment la connoissoit-il, autrement que par la communication que je lui en avois donnée une demi-heure après mon arrivée à New-Yorck. Forcé de rendre justice et à mes démarches, et aux intentions de mes commettans, que je lui manifestai en termes clairs, M. de Ternan ajoute qu'il n'eut pas de peine non-seulement à m'engager à ne faire aucun usage de mes pouvoirs, mais à les déposer aux archives de la légation, et à attendre de lui seul les secours que j'étois chargé de réclamer. Je le demande à tout homme impartial et juste, sont-ce là des démarches criminelles ? et ma conduite s'est-elle démentie un seul instant? Si M. Dupont fils avoit écrit, ainsi que l'a fait M. de Ternan ; s'il avoit annoncé, comme lui, que ma seule démarche officielle avoit été auprès du Représentant de la nation françoise; s'il avoit écrit à M. Dupont son père (et il pouvoit le faire d'autant plus facilement, que, comme secrétaire, il étoit dans le cabinet de M. de Ternan, et présent à toutes les conversations que j'ai eues avec lui) que ma première observation au ministre fut que le seul but de l'Assemblée générale, composée de citoyens François, en m'envoyant à la nouvelle Angleterre, étoit d'avoir le plus promptement possible les secours que leur situation malheureuse exigeoit; qu'en conséquence je lui remettois tous mes pouvoirs, dont je le laissois maître; que je me soumettois à n'en faire que l'usage qu'il jugeroit convenable, pourvu que les secours pussent partir; enfin, s'il avoit écrit qu'en partant de Philadelphie, M. de Ternan m'avoit donné pour le ministre des affaires étrangères une lettre particulière, qui me fut remise par M. Dupont lui-même, et par laquelle il dit que ma mission auprès des États-Unis ne pouvoit mieux finir pour nos intérêts, (ce sont ses propres expressions) que par mon départ pour la France, afin de donner à M. de Montmorin tous les éclaircissemens dont il pourroit avoir besoin; si, dis-je, il avoit rendu le compte vrai et fidèle de tout ce qui s'est passé pendant mon séjour à Philadelphie, il auroit certainement épargné au patriotisme de M. Daverhoult de vous dénoncer comme un fait très-important et capable de jeter un très-grand jour sur les vues de l'Assemblée coloniale, un fait qui ne prouve que la pureté des intentions de l'Assemblée coloniale. Mais il falloit un aliment à la malignité de M. Dupont, ami des noirs, qui a fait ses preuves lors de la discussion sur le décret du 15 mai ; il falloit trouver des motifs d'écarter les justes réclamations de la Colonie de Saint-Domingue, en cherchant à rendre défavorable l'Assemblée générale qui la représente ; il falloit trouver des motifs d'appuyer les délations mensongéres qui ont profané et profanent tous les jours la tribune de cette Assemblée auguste ; et impossibles ou absurdes, toutes les combinaisons présentent à ceux qui ont juré notre perte des moyens propres pour y parvenir ; je dis impossibles et absurdes, parce que l'Assemblée générale de la partie Françoise de Saint-Domingue auroit-elle su qu'il y avoit auprès des États-Unis un Représentant de la nation Françoise, que cela n'auroit rien changé ni à la proclamation, ni à la lettre écrite au président des États-Unis ; elle auroit seulement chargé son commissaire d'une lettre pour ce ministre, afin d'appuyer la réclamation de la Colonie, qui demandoit des secours aux États-Unis, et non pas au ministre de France auprès des États-Unis ; elle n'auroit donc, dans aucun cas, pu regarder ce ministre que comme un intermédiaire, comme un préposé pour faire valoir, pour appuyer la proclamation par laquelle une portion de l'empire François, demandoit, dans une position aussi critique, des secours à une puissance voisine ; ainsi donc la sagesse de M. Dupont, si fort exaltée par M. Daverhoult, ne l'a conduit dans cette occasion qu'à apprendre au public que les avis que son fils lui donne de ce qui se passe dans le cabinet de M. de Ternan, ne méritent aucune espèce de confiance.

Au surplus, Messieurs, faut-il avoir une envie bien démesurée de trouver des coupables, pour supposer que l'Assemblée générale, écrivant à la lueur des incendies qui dévoroient les possessions de ses membres, et étourdie des cris des victimes qui tomboient sous le fer des assassins, n'a pu manquer à une légère formalité sans qu'on l'accuse de chercher à se rendre indépendante par cela seul qu'elle a crié au secours à des personnes qui étoient à portée de l'entendre.

Vous pouvez juger, Messieurs, du mérite de toutes les accusations faites contre les Colons blancs de St.-Domingue, par celle sur laquelle j'ai été obligé de donner à l'Assemblée nationale l'explication qu'elle vient d'entendre; (je frémirois de parler de cette imputation horrible, et qui prouve sans réplique, la scélératesse et la corruption de ceux qui osent nous accuser d'avoir nous-mêmes incendié nos habitations, et fait égorger nos femmes et nos enfans.) Vous pouvez juger par l'importance qu'on attachoit à la démarche que j'ai fait à la Nouvelle-Angleterre, et par la manière perfide avec laquelle elle est rendue par M. Dupont de Nemours, si la calomnie n'est pas la seule arme de nos ennemis. Faut-il d'autres preuves pour justifier l'Assemblée générale que l'obligation qu'elle m'avoit imposée, de présenter pour seul titre de la qualité de ceux qui m'envoyoient, l'acte de sa constitution? Est-il possible, d'après cela, de supposer que, pour rendre les Colonies indépendantes de la France, les Colons m'auroient expressément chargé de faire usage de leur déclaration solennelle et authentique, que St.-Domingue faisoit partie de l'empire François.

Mais, Messieurs, par quelle fatalité toutes nos démarches sont-elles regardées comme suspectes? Par quelle fatalité sommes-nous réduits à nous justifier, nous qui sommes les victimes, tandis que les inculpations de nos ennemis, je pourrois dire de nos boureaux, sont regardées comme des vérités incontestables? De quel droit M. Brissot (1), et tous ceux des membres de l'Assemblée nationale, qui ne connoissent pas le régime intérieur qui convient aux Colonies, parce que ce régime a des localités qui ne sont connues que de ceux qui les habitent, se permettent-ils de nous accabler d'injures? Comment se fait-il que, lorsque nous exigeons qu'ils fournissent les preuves de ce qu'ils avancent, l'Assemblée nationale, qui nous a promis justice, ne les oblige pas de faire cette justification; tandis que, de notre côté, nous offrons les preuves de tout ce que nous avons dit? A quel excès de désespoir ne portera pas nos infortunés commettans, le compte que nous leur devons, de tout qui a été dit dans la discussion sur leur affreuse situation? Quelle confiance leur inspirera un journaliste, membre de l'Assemblée nationale, qui imprime, (je rapporte ses propres expressions) *que ces mots célèbres : Périssent les Colonies plutôt que de sacrifier un seul principe, ont été inutilement prononcés dans la tribune de l'Assemblée constituante. Inutilement prononcés!* c'est à-dire, que le vœu, que le desir de M. de Condorcet seroit, que ces mots n'eussent pas été une vaine et stérile déclamation. *Inutilement prononcés!* c'est à-dire, qu'il verroit avec plaisir égorger

---

(1) Je dois observer qu'à peine le nom de M. Brissot a été prononcé, qu'il y a eû grand tumulte à l'Assemblée; plusieurs demandoient que je fusse conduit à l'abbaye; j'ai même entendu ces mots : à Orléans. M. le président, après avoir consulté l'*Assemblée*, m'a dit : Je vous rappelle au respect que vous lui devez.

50 mille François, 20 mille mulâtres et 500 mille nègres, dans la seule Colonie de St.-Domingue, plutôt que de sacrifier ce qu'il appelle un seul principe. — Je croirois blesser la délicatesse de l'Assemblée nationale, si je cherchois à prouver ce que ces mots affreux renferment de barbarie; mais qu'il me soit permis, pour dernière observation, de disculper les Colons blancs de St.-Domingue d'une accusation aussi peu fondée que toutes les autres, qui leur a été faite à la séance du 4 de ce mois. On vous a dit que nous reprochions, avec indécence peut-être, à un ami de l'humanité, d'avoir proféré à la tribune de l'Assemblée nationale, ces mots terribles: *Périssent les Colonies.* On vous a dit, pour pallier ce qu'un pareil sentiment inspire d'horreur à toute âme honnête, que nous disions nous-mêmes, périssent les Colonies plutôt que d'accorder l'état civil aux hommes de couleur. Ce blasphême, Messieurs, n'a jamais été que dans la bouche de ces hommes pervers qui veulent nous perdre: nous avons dit, et nous dirons jusqu'au dernier moment, que si l'Assemblée nationale vouloit s'occuper de faire des lois, qui étoient réservées aux Assemblées coloniales, si ces lois, comme toutes celles qui ont été faites jusqu'à ce jour, excepté le décret du 24 septembre, au lieu de porter la paix parmi nous, n'y occasionnoient que le désordre, nous avons dit, et nous le répétons, que les Colonies périront. Cette prédiction, fondée sur l'expérience, ne s'est accomplie que trop malheureusement pour nous.

Représentans du Peuple François, vous venez d'entendre la vérité que je vous ai présentée sans ornement, parce que les déclamations outrées des ennemis de la Colonie ont seules besoin des secours empruntés de l'éloquence. Je crois vous avoir prouvé que toutes les démarches des Colons que je représentois, sont celles de bons Citoyens et de bons François ; s'il reste encore quelque doute, si ma conduite peut-être suspectée, je dois être regardé comme plus coupable qu'aucun des membres de l'Assemblée générale. Si après avoir concouru comme eux, en donnant ma voix, à ce qu'on fît une démarche pour rendre la Colonie indépendante, j'ai été encore l'instrument dont on s'est servi pour excuter cet abominable projet : aussi, Messieurs, je ne vous dirai pas, avec une tournure de phrase travaillée avec art dans le silence du cabinet, et amenée tout exprès pour exciter la sensibilité et s'attirer des applaudissemens, que, si on trouve une seule correspondance, je marcherai à l'échafaud (1); mais je le dis sans crainte, et avec la conscience d'un homme sans reproche, si vous l'ordonnez, Messieurs, je ne sors de cette enceinte auguste, que pour me rendre dans les prisons de la Haute-Cour nationale ; et je prends le même engagement, au nom de mes collègues. Que nos accusateurs s'y rendent également; et ceux qui seront jugés coupables, ou de trahison ou de calomnie, n'en sortiront que pour subir le supplice destiné aux uns comme aux autres.

Signé, ROUSTAN.

---

(1) Discours de M. Brissot, séance du 9 novembre.

RÉPONSE

RÉPONSE DE M. LE PRÉSIDENT.

L'Assemblée nationale examinera avec soin les explications que vous venez de lui présenter ; elle vous invite à assister à sa séance.

M. Merlin : Je demande la parole. L'Assemblée nationale a refusé les honneurs de la séance (*on a crié à l'ordre du jour*) aux députés d'Avignon. Je ne conçois pas comment on les accorde à un tel homme qui. . . . (*Grand bruit.*)

www.ingramcontent.com/pod-product-compliance
Ingram Content Group UK Ltd.
Pitfield, Milton Keynes, MK11 3LW, UK
UKHW032030260826
14628UKWH00006B/2864